AF567367

Patricia Günther
Horst Lengning
Mein Opa ist Imker
Mit den Bienen durch das Jahr
Illustriert von Maria van de Rae
MEDU
VERLAG

Bibliografische Information der Deutschen Nationalbibliothek
Die Deutsche Bibliothek verzeichnet diese Publikation in der Deutschen Nationalbibliografie; detaillierte bibliografische Daten sind im Internet über http://dnb.dnb.de abrufbar.

www.medu-verlag.de

Patricia Günther / Horst Lengning
Mein Opa ist Imker
Kinderbuch
3. Auflage 2023

Dreieich bei Frankfurt/M.
Lektorat: Stefanie Konstanze Völker

Covergestaltung und Satz: im Verlag

Printed in EU

ISBN 978-3-96352-010-5

Für Horst,

der mich in meinem Wunsch, meine Buchidee in die Tat umzusetzen, bis zu seinem viel zu frühen Tod unterstützt und begleitet hat.
Sein Glaube an mich und das Projekt hat mir die Kraft gegeben, weiterzumachen.

Vorwort

„Wenn die Biene einmal von der Erde verschwindet, hat der Mensch nur noch vier Jahre zu leben. Keine Bienen mehr, keine Bestäubung mehr, keine Pflanzen mehr, keine Tiere mehr, keine Menschen mehr."

(Albert Einstein)

Liebe Leser,
Albert Einstein war sich schon vor dem massiven Bienensterben der elementaren Bedeutung der Bienen für unser Leben auf der Erde bewusst.
Ungefähr 70 % unserer Nahrung ist von der Existenz von Bestäubern abhängig. Dazu gehören unter anderem Wildbienen, Schmetterlinge und Fliegen. Die wichtigsten Bestäuber aber sind die Honigbienen.

Um die Bienen zu schützen, muss man sie kennen und wissen, wie man sich den Bienen am besten gegenüber verhalten soll. Das Wissen über Bienen ist in der Bevölkerung jedoch nicht mehr sehr verbreitet. Viele Eltern sind regelrecht besorgt, wenn sich eine Biene in der Nähe ihres Kindes aufhält.

Wir als Landesverband Württembergischer Imker haben daher das Anliegen, die Bedeutung und Wichtigkeit der Bienen den Menschen näherzubringen und Aufklärungsarbeit zu leisten.
Zwei Mitglieder unseres Landesverbandes haben dieses Werk geschaffen, um bereits im Kindesalter den Grundstein dafür zu legen. Das Buch soll in kindgerechter Darstellung Einblick in die faszinierende Welt der Bienen und den Alltag eines Imkers geben.

Ulrich Kinkel
Präsident Landesverband
Württembergischer Imker e. V.

Von der Idee zum Buch

Warum hatten wir die Idee, dieses Buch zu schreiben? Aber wer ist eigentlich „wir"?
Wir, das sind: Horst (Imker) und Patricia (Lehrerin). Bei der Unterrichtsplanung zum Thema Heilkräuter kamen wir natürlich auch auf die Bienen zu sprechen, denn: Ohne Bienen gibt es keine Bestäubung und somit auch keine Pflanzen.
Dabei fiel uns auf, dass es einiges an Literatur zu dem Thema Bienen gibt, aber kein umfassendes Buch, welches Kindern in der heutigen Zeit die Bienenwelt auf verständliche Weise näherbringt. Am besten lernen Kinder nämlich durch Geschichten. So wurde die Idee von Nils und seinem Opa geboren.

Bienen werden nach wie vor unterschätzt. Dabei ist die Biene neben Rind und Schwein eines unserer wichtigsten Nutztiere. Mehr als die Hälfte unserer Lebensmittel entstehen durch die Bestäubungsleistung der Bienen. Doch sie sind mittlerweile durch Umweltgifte und Pestizide stark bedroht.

Es war uns ein Bedürfnis, die Bedeutung der Honigbienen und die bemerkenswerte Leistung dieser kleinen Tiere ausführlich zu beschreiben.
Ebenso wichtig war uns aber, Erwachsenen wie Kindern die Furcht vor ihnen zu nehmen. Viele Eltern halten ihre Kinder inzwischen möglichst von Bienen fern, weil sie oft selbst nicht gelernt haben, wie man mit ihnen umgeht.
Man hat vor allem Angst vor dem Unbekannten. Daher hoffen wir, dass Nils und sein Opa einen Beitrag dazu leisten können, den Kindern diese einzigartigen Geschöpfe näherzubringen.

„Nur was ich kenne und schätze, bin ich bereit zu schützen."

Viel Spaß beim Lesen wünschen

Patricia Günther & Horst Lengning

Fachbegriffe

Ableger: Der Imker entnimmt einem Bienenvolk eine bestimmte Anzahl Bienen, um ein weiteres Volk zu schaffen

Ammenbienen: versorgen und füttern die Bienenbrut

Arbeitsbienen: Bienen, die den Stock versorgen. Dabei gibt es die unterschiedlichen Aufgaben: Ammenbienen, Putzbienen, Sammler- oder Trachtbienen und Wächterbienen

Bienenbeute: Holzkiste, Haus der Bienen

Bienenbrut: geschlüpfte Larven

Bienenschwarm: tausende Bienen fliegen aus dem Bienenstock, um ein neues Volk zu bilden

Bienentraube: viele Bienen drängen sich in Form einer Traubenrispe dicht aneinander

Brutzellen: in diese Zellen legt die Königin die Eier ab

Drohnen: Bienenmänner, die sich mit der Königin paaren

Gelée Royale: Königinnenfuttersaft

Hochzeitsflug:	die Königin verlässt den Stock und wird von den Drohnen begattet
Hofstaat:	Bienen im diekten Umfeld der Königin, die sie putzen und füttern
Imker:	arbeitet mit Bienen, verarbeitet den Honig
Larven:	Zwischenform in der Entwicklung vom Ei zur ausgewachsenen Biene
Propolis:	Pflanzenwirkstoff, der den Bienen zur Desinfektion der Waben dient
Putzbienen:	säubern die Waben
Sammlerbienen:	auch Trachtbienen genannt, sammeln Nektar, Propolis und Pollen
Schleierhut:	dieser schützt den Imker vor Bienenstichen im Kopfbereich
Smoker:	auch Raucher genannt: Metalldose mit einem angebauten Blasebalg
Trachtbienen:	auch Sammlerbienen genannt, sammeln Nektar, Propolis und Pollen
Wächterbienen:	bewachen das Flugloch
Wabe:	Holzrahmen mit Zellen aus Wachs
Weiselzelle:	Königinnenzelle, Nachschaffungszelle
Zarge:	Ebene der Bienenbeute. Es gibt meistens mehrere Ebenen, unterteilt in Brut- und Honigraum.

Hallo, ich bin der Nils

und ich bin acht Jahre alt. Mein Opa ist ein Imker und hat viele, viele Bienen. Das ist sehr interessant und immer wenn ich bei ihm bin, lerne ich etwas Neues.

Dann erklärt er mir nämlich das Leben im Bienenstock über das ganze Jahr. Deshalb gehe ich sehr gerne mit meinem Opa zu seinen Bienen.

Im Frühjahr, wenn die ersten Sonnenstrahlen die Natur erwärmen und die Bäume zu blühen beginnen, statten wir den Bienenvölkern unseren ersten Besuch ab. Überall summt und brummt es dann vor den Bienenstöcken. Nach dem langen Winter genießen die Bienen die frische Luft und den Sonnenschein. Sie waren alle die ganze Zeit über zusammen in den Bienenstöcken und haben sich gegenseitig warmgehalten. Wenn es draußen kalt ist oder es regnet, bleiben die Bienen nämlich schön zu Hause.

Der Bienenstock

Ich bin sehr gespannt, wie es im Haus der Bienen, der Bienenbeute, aussieht. Ähnlich wie bei uns zu Hause gibt es für die Bienen eine Art Eingangstür, Flugloch genannt. Durch das fliegen sie ein und aus. Dieses Flugloch wird durch Wächterbienen bewacht, damit keine Feinde eindringen können. Damit die Bienen sich nicht bedroht fühlen, stellen wir uns nicht vor das Flugloch, sondern hinter die Bienenbeute.

Bevor mein Opa den Bienenstock öffnet, bereitet er den Smoker vor. Smoker ist ein englisches Wort und bedeutet so viel wie „Raucher“.
Der Smoker ist eine runde Metalldose mit einem angebauten Blasebalg. Oben an der Dose befindet sich ein Deckel mit einer Öffnung wie bei einer Pfeife.
In den Smoker füllt er nun Papier und Tannenzapfen. Dann zündet er das Ganze an. Aus dem Smoker beginnt es gleich zu qualmen. Jetzt öffnet er den Deckel oben auf der Bienenbeute, entfernt die Abdeckfolie und bläst kurze Rauchstöße aus dem Smoker in die Beute hinein.

Der Rauch beruhigt die Bienen, die sich daraufhin etwas in den Bienenstock zurückziehen.

In dem Bienenstock sehe ich viele Bienen umherlaufen. Es ist ein totales Durcheinander, aber mein Opa erklärt mir, dass jede einzelne dieser Tausende von Bienen eine Aufgabe hat.
Er nimmt nun eine Wabe aus dem Bienenstock.

Die Wabe besteht aus einem Holzrahmen, in den die Bienen Zellen aus Bienenwachs gebaut haben.
Auf der Wabe sehe ich nun viele Bienen eifrig von einer Wabenzelle zur anderen laufen.
„Das sind die Ammenbienen, die den Nachwuchs, die Bienenlarven, mit Nektar und Pollen füttern“, erklärt mir mein Opa.
In der Mitte der Wabe sehe ich verschlossene Zellen. Was wohl dahinter verborgen ist? Opa zeigt plötzlich mit seinem Finger auf eine andere verschlossene Zelle. Und tatsächlich, da schlüpft gerade eine fertige Biene heraus. Was für ein Wunder! Ich bin ganz aufgeregt.

Zuerst sieht man nur den Kopf und die Fühler aus der Zelle herauskommen. Danach geht es aber ziemlich schnell und ich sehe die ganze Biene.
„Aber was macht sie denn jetzt?"
„Sie beginnt sogleich mit ihrer ersten Aufgabe, sie muss putzen. Sie putzt die Zellen mit Propolis aus. Das Propolis haben Sammlerbienen draußen auf Knospen von Pflanzen gesammelt und übergeben das unter anderem an die Putzbienen. Das verwenden die Bienen als Schutz vor Bakterien, wie eine Arznei, damit im Bienenstock keine Krankheiten ausbrechen", erklärt mir Opa.

Die Entwicklung von der Larve zur Biene

„Siehst du die Bienen, die da alle die Larven füttern?", fragt er mich. „Drei Tage nachdem die Bienenkönigin Eier in die Waben gelegt hat, schlüpfen die Larven und haben mächtig Hunger."
Tatsächlich, auf der Wabe laufen ganz viele Bienen hin und her. Es sind die Ammenbienen. Sie stecken ihren Kopf in die Wabenzellen am Rand der Wabe und nehmen dort das Futter auf. Dann kehren sie zu

den offenen Zellen zurück, in denen sich die Larven befinden und geben an diese das Futter ab. Opa erklärt mir, dass die Futterzellen mit Honig und Pollen gefüllt sind.
„Kannst du sehen, wie die Larven in diesem Futtersaft regelrecht schwimmen?"
Die Larven werden fünf Tage lang gefüttert. Danach verpuppen sich diese Larven und die Zelle wird verschlossen. Nach weiteren zwölf Tagen schlüpft aus der Puppe die junge Biene.

Zwischen 5.000 und 70.000 Bienen leben und arbeiten im Sommer in einem Bienenstock und haben je nach Alter verschiedene Aufgaben. Sie müssen Zellen putzen, Larven füttern und pflegen, Wabenzellen bauen, Nektar, Pollen und Wasser sammeln, Nektar zu Honig verarbeiten und natürlich auch die Königin füttern und pflegen.

Vom Frühjahr bis zum Herbst müssen die Bienen am meisten arbeiten. Bis zum Ende des Sommers haben sie mehr als 200.000 Larven zu versorgen. Die Arbeit ist sehr anstrengend, daher lebt eine Arbeitsbiene im Sommer nur vier bis sechs Wochen. Wenn ihr Ende nahe ist, verlässt sie den Stock für immer.

Im Winter gibt es nur etwa 5.000 bis 10.000 Winterbienen und die Königin im Bienenstock. Diese Bienen leben vom Herbst bis in das Frühjahr, bis es wieder neue Bienen gibt. Sie haben nur die Aufgabe, die Königin zu versorgen, zu wärmen und über den Winter zu bringen.

Die Bienenkönigin

Nun erklärt mir Opa, dass jedes Bienenvolk eine Bienenkönigin hat.
„Wie sieht die denn aus? Die will ich jetzt sehen!"
Wir machen uns sogleich auf die Suche, die Königin, auch „Weisel" genannt, unter den vielen Bienen im Bienenstock zu finden. Doch an was kann man die Bienenkönigin erkennen?
Die Bienenkönigin ist fast doppelt so groß wie eine Arbeitsbiene und ist umgeben von ihrem Hofstaat. Zudem kennzeichnet der Imker sie mit einem farbigen Punkt auf dem Rücken. Für jedes Jahr wird eine andere Farbe festgelegt. Die Königin trägt immer die Farbe ihres Geburtsjahres.

Opa nimmt nun eine Bienenwabe nach der anderen aus dem Bienenstock. Die Waben sind voller Bienen, die darauf hin- und herlaufen und ihre Arbeit erledigen.

„Wie soll man denn da die Königin finden?“

„Hier haben wir sie“, sagt Opa und zeigt auf eine große Biene. „Um die Königin herum ist auch ihr Hofstaat.“

„Was macht der Hofstaat?“, frage ich weiter, denn ich will alles wissen.

Mein Opa erklärt mir: „Der Hofstaat putzt die Königin und füttert sie. Sie wird allerdings nicht wie die Larven mit Honig und Pollen gefüttert, sondern mit dem Königinnenfuttersaft, dem ‚Gelée royale‘. Das sondern die Bienen des Hofstaates aus einer Drüse an ihrem Kopf ab.“

Aber wie entsteht so eine Königin?

Jedes Volk braucht eine Königin, denn sie ist für den Nachwuchs zuständig. Sie ist die einzige Biene, die Eier legen kann. Jeden Tag legt sie Eier in die Waben, aus denen dann die Bienen entstehen. Eine Königin lebt vier bis fünf Jahre, dann braucht das Bienenvolk wieder eine neue Königin.
Dazu bauen die Arbeitsbienen eine größere Wachszelle auf eine Wabe, Weiselzelle genannt.

Da hinein legt die alte Königin, genau wie in die anderen Wabenzellen, ein Ei. Die Larve die nach drei Tagen daraus schlüpft, wird allerdings mit dem Königinnenfuttersaft von den Arbeitsbienen gefüttert. Nach fünf Tagen verpuppt sich die Larve und nach weiteren acht Tagen schlüpft dann die neue Königin aus.

Warum braucht das Volk eine neue Königin?

Wenn die Königin zu alt ist oder das Bienenvolk zu groß wird, beschließen die Bienen sich aufzuteilen. Bevor eine neue Königin schlüpft, verlässt die alte Königin mit den Sammlerbienen, auch Trachtbienen genannt, den Stock. Das Bienenvolk mit der alten Königin muss sich ein neues Zuhause suchen. Oft lassen sie sich in alten Baumstümpfen oder hohlen Bäumen nieder.

„Sieh mal, was die Königin macht“, sagt Opa. Inzwischen erkenne ich die Königin, wie sie über die Wabe läuft und mit ihrem Kopf und den Fühlern freie Waben begutachtet. „Sie sucht freie, saubere Wabenzellen, um darin wieder Eier zu legen. Mit ihren großen Augen schaut sie und mit den Fühlern riecht sie, ob die Zelle frei und sauber ist. Hat sie eine geeignete Wabenzelle gefunden, dreht sie sich um und steckt ihren langen Hinterleib in die Zelle und legt ein Ei hinein. So befüllt sie nacheinander Zelle für Zelle.“

Ich muss ganz genau hinschauen, aber dann sehe ich ein kleines längliches Ei in jeder freien Zelle. „Nach 22 Tagen schlüpft aus jeder dieser Zellen eine neue junge Biene“, sagt Opa.

Der Drohn

„Wow, was hat diese Biene für große Augen?“
„Das ist ein Bienenmann, ein Drohn. Er sieht etwas anders aus als unsere Arbeitsbienen. Er ist größer, hat auch größere Augen und einen runden Hinterleib. Was man nicht sieht, er hat keinen Giftstachel wie die Arbeitsbienen. Er kann uns also nicht stechen.“
Bevor eine Bienenkönigin überhaupt Eier legen kann, unternimmt sie einen Hochzeitsflug. Dazu verlässt sie den Bienenstock und hunderte Drohnen folgen ihr. Dann paaren sich einige Drohnen mit der Königin. Anschließend kehrt die Königin in den Bienenstock zurück.

Arbeitsbiene *Drohn* *Königin*

Nun habe ich alle drei Bienenarten kennengelernt, die in einem Bienenstock zusammenleben.
Mein Opa steckt nun alle Bienenwaben wieder in den Bienenstock zurück und legt oben den Deckel auf den Kasten. Wir wollen in der nächsten Woche wiederkommen und ich bin gespannt, was mir Opa dann wieder erzählt.

Einige Tage konnten wir leider nicht zu den Bienen hinausgehen. Es hat nämlich geregnet. Regentropfen sind für Bienen lebensgefährlich. Ein Regentropfen ist für eine Biene wie ein Zusammenstoß eines Menschen mit einem Lastwagen. Heute endlich scheint wieder die Sonne.
„Wir gehen jede Woche einmal zu den Bienen. Das ist nötig zur Schwarmkontrolle“, sagt Opa. „Wir öffnen dazu jede Bienenbeute und schauen nach, ob noch Brut vorhanden ist und ob das Volk Weiselzellen angebaut hat. Das würde nämlich bedeuten, dass das Volk beschlossen hat sich zu teilen und zu schwärmen. Das wäre für unseren Honigertrag nicht gut, da die Königin zusammen mit den Trachtbienen abschwärmt und es dann keinen Honig mehr zu ernten gibt.“

Ein neues Volk entsteht

„Wenn wir Weiselzellen im Volk finden, müssen wir reagieren“, sagt Opa.
Und tatsächlich entdecken wir heute ein Volk, das fünf Weiselzellen angebaut hat. In jeder Zelle sehen wir eine Larve, die in „Gelée royale“ schwimmt. Jetzt müssen wir handeln, aber wie?
Opa geht in die Hütte, in der wir das Zubehör für die Imkerei lagern und kommt zurück mit einem Beutenboden, einer leeren Zarge sowie Abdeckfolie und Beutendeckel. Er nimmt nun aus dem Bienenvolk zwei mit Bienen besetzte Wabenrähmchen mit den Weiselzellen und steckt diese in die leere Beute, die er geholt hat. Wichtig ist nun, dass die Königin nicht auf diesen beiden Waben sitzt und dass in diesen Waben Eier und ganz junge Larven sind. Dazu nimmt er noch eine Futterwabe aus dem Volk und gibt sie zu den beiden Waben. Jetzt schließt er den Deckel und das Flugloch und erklärt mir, dass wir diese Beute heute mit nach Hause nehmen und da-

heim das Flugloch wieder öffnen, damit die Bienen wieder fliegen können.
Ja, aber wieso? Was hat das für einen Sinn?
Opa sieht meinen fragenden Blick und erklärt mir den Grund: „Wenn wir die Beute mit diesen zwei Waben und den Bienen hier stehen lassen, würden die Bienen sofort wieder zu ihrem Volk zurückkehren. Deshalb bringen wir die Bienen an einen anderen Ort."
Die Bienen stellen sehr schnell fest, dass sie keine Königin mehr haben. Die Larven in den Weiselzellen werden weiter mit Gelée royale gefüttert, damit eine neue Königin entstehen kann. Bis zum Herbst wächst dann dieses kleine Volk heran. Daraus entsteht für das nächste Jahr ein neues Wirtschaftsvolk. Imker nennen das „einen Ableger bilden".

„Das ist ja toll, dann haben wir nächstes Jahr ein Bienenvolk mehr! Ja aber, was ist mit dem Volk, aus dem wir die Waben entnommen haben?"
Opa steckt in diese Beute drei Rähmchen mit einer leeren Mittelwand. „Nun", sagt er, „hat das Volk wieder mehr Platz und die Bienen sind beschäftigt, die

Waben mit Wachszellen auszubauen. Die Königin hat somit wieder Platz zum Eierlegen. Jetzt wird dieses Volk mit großer Wahrscheinlichkeit nicht mehr ausschwärmen."

Ich bin wieder einmal erstaunt, was es bei den Bienen alles zu lernen gibt.

Ein Volk schwärmt

Opa hat angerufen, ein anderes Bienenvolk ist stattdessen leider ausgeschwärmt. Er hat einen Anruf aus dem Nachbarort erhalten, wo ein Bienenschwarm auf einer Obstwiese gesichtet wurde. Nun müssen wir uns beeilen und den Bienenschwarm einfangen.
Natürlich will ich erst mal wissen, was ein Bienenschwarm ist.
Unterwegs erklärt er mir, dass die alte Königin alle Flugbienen um sich sammelt und mit ihnen den Bienenstock verlässt, wenn das Bienenvolk beschließt, sich aufzuteilen. Viele, viele tausend

Bienen fliegen dann wie eine große schwarze Wolke mit lautem Summen los. Das bezeichnet man als Bienenschwarm. Die Bienen lassen sich in der Umgebung an einem Ast von einem Baum oder einem Busch nieder und bilden eine Art große Traube.

In der Mitte der Traube befindet sich die Königin und alle anderen Bienen drängen sich ganz eng um sie herum. Einige Kundschafterinnen fliegen aus, um ein neues Heim für diesen Schwarm zu suchen. Es wird ein trockener Ort gesucht, in den neue Waben gebaut werden können, und in den der Bienenschwarm einziehen kann. Nicht zu groß und nicht zu klein. Oft ist das ein hohler Baum oder eine leere Kiste oder sogar ein leeres Weinfass. Das hat Opa auch schon erlebt.
Sobald ein günstiger Platz gefunden ist, schauen weitere Bienen sich diesen an. Wird dieser für gut befunden, kommt das Kommando an alle Bienen zum Aufbruch und Flug in die neue Wohnung. Bevor die Bienen dort hinfliegen, müssen wir sie heute einfangen.

Als wir bei der Obstwiese ankommen, sehe ich tatsächlich eine Schwarmtraube an einem Ast hängen.

Die Bienen bewegen sich in dieser Traube hin und her, aber es fliegt kaum eine auf. Mein Opa holt eine Kiste und einen Handbesen.

Bevor er jedoch anfängt zu arbeiten, ziehen wir uns Schutzjacken mit Schleierhut an. Man weiß ja nie, wie lange der Schwarm schon da hängt.

Bevor die Bienen schwärmen, füllen sie sich noch ihre Honigmägen im Bienenstock, damit sie nicht hungern müssen. Hängt der Schwarm erst seit Kurzem da, sind die Bienen noch satt und träge und somit friedlich. Hängen sie aber schon länger da, könnte das Einfangen des Schwarmes schon unangenehmer werden, da sie dann hungrig sind und somit auch aggressiver. Wir könnten also jede Menge Bienenstiche abbekommen.

Opa hält nun die Kiste unter den Bienenschwarm und mit einigen schnellen, geübten Bewegungen fegt er mit dem Handbesen die Bienen in die Kiste hinein. Einige Bienen sind dabei jedoch aufgeflogen und umkreisen uns nun. Ich muss gestehen, dass ich es etwas mit der Angst zu tun bekomme.

Aber Opa beruhigt mich: „Ist die Königin in der Kiste, fliegen alle Bienen zu ihr.“ Er stellt die Kiste auf den Boden und wir sehen uns jetzt an, was passiert.

Tatsächlich, er hat Recht. Die aufgeflogenen Bienen krabbeln mit der Zeit alle in die Kiste hinein. „Sie folgen dem Duftstoff ihrer Königin“, erklärt er. „Ist die Königin aber nicht darin, verlassen alle Bienen wieder die Kiste und fliegen zu ihrer Königin, die noch auf dem Baum sitzt."

Mein Opa bringt die Bienen nun zu einer neuen Beute, in die er leere Waben gehängt hat. Die Bienenkönigin kann sofort anfangen, neue Eier zu legen. Die Trachtbienen können sofort Nektar und Blütenpollen einsammeln und in den Bienenstock bringen.

„Das ist die natürliche Vermehrung der Bienenvölker", erklärt mir mein Opa.

Im Bienenstock, den Opa mit nach Hause genommen hat, ist inzwischen die neue Bienenkönigin geschlüpft und das Volk hat wieder eine Königin. So sind nun zwei weitere Bienenvölker entstanden.

Das war ganz schön aufregend heute. Das muss ich gleich meinen Eltern erzählen.

Der Honigraum wird aufgesetzt

Inzwischen stehen die Bäume in voller Blüte. „Nun ist es Zeit, den Honigraum auf die Bienenbeuten zu setzen“, sagt Opa.

Das ist wieder etwas ganz Neues. Was ist das nur, ein „Honigraum“?

Dafür nehmen wir eine leere Zarge und füllen sie mit Rähmchen. Ein Teil davon sind Rähmchen mit leeren Honigwaben vom Vorjahr und ein Teil sind Rähmchen mit Wachsmittelwänden.

„Warum nehmen wir da zwei verschiedene Rähmchen?“, will ich wissen.

Opa erklärt: „Damit alle Bienen ihre Arbeit fortsetzen können. In die fertigen, sauberen Honigwaben vom Vorjahr können die Trachtbienen sofort Honig einlagern. Auf die noch nicht ausgebauten Wachsmittelwände bauen andere Arbeitsbienen Waben, damit auch dort Honig eingelagert werden kann.“

„Wie bauen die Arbeitsbienen die Waben?“

Wie die Bienen das machen, erfahre ich ein andermal. Jetzt aber müssen wir raus zu den Bienen, bevor es Nacht wird. Es gibt jede Menge zu tun.

Wir laden die Zargen ein und dann auch noch so komische Gitter. Wozu wir die wohl brauchen?
Mein Blick spricht anscheinend Bände, denn Opa zwinkert mir zu und meint: „Bei den Bienen wirst du schon sehen, wofür wir diese Gitter benötigen.“

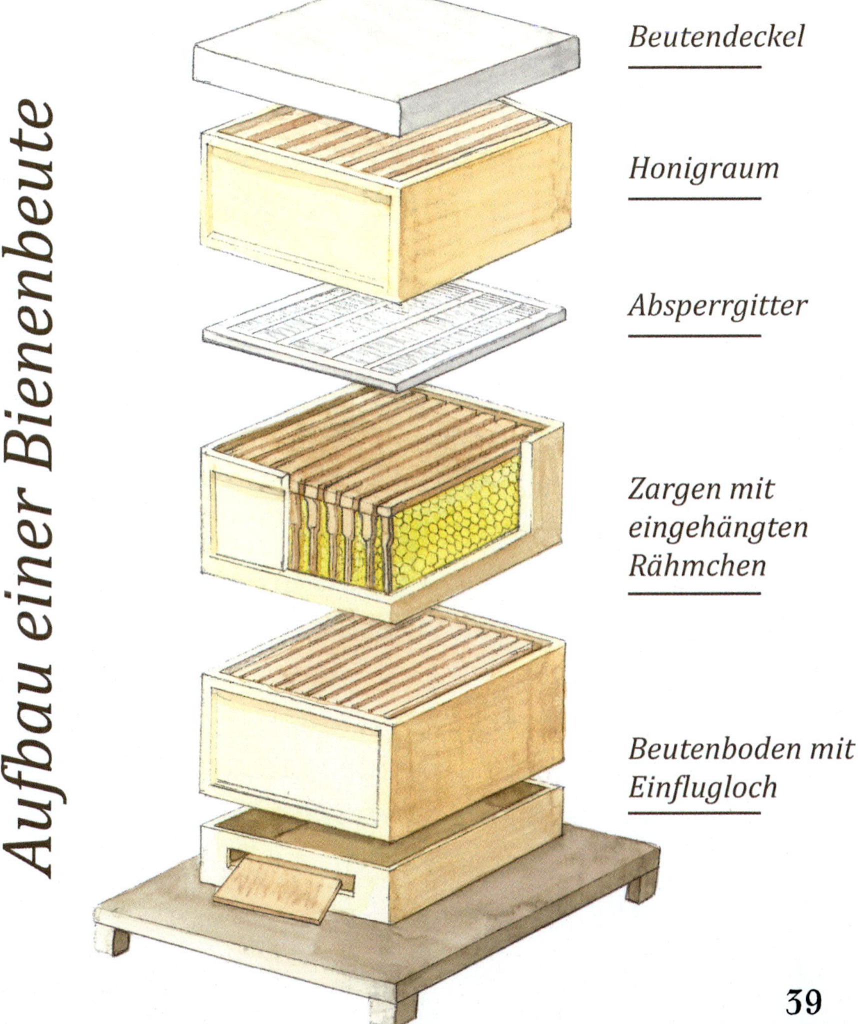

Aufbau einer Bienenbeute

Vor Ort angekommen laden wir alles aus und zünden als Erstes den Smoker an.

Wir stellen hinter jede Beute jeweils eine Zarge mit den Rähmchen und ein Gitter. Dann öffnen wir den Deckel der ersten Beute. Damit die Bienen dem Imker nicht gleich entgegenstürmen, liegt unter dem Deckel noch eine Folie. Unter der Folie sehe ich schon viele, viele Bienen herumlaufen. Opa nimmt die Folie weg und gibt ein paar kürze Stöße Rauch mit dem Smoker in den Bienenstock. Schnell ziehen sich die Bienen zurück und Opa legt das Gitter anstatt der Folie auf die Bienenbeute.

„Siehst du“, sagt er, „dieses Gitter ist so eng, dass nur eine normale Honigbiene durchschlüpfen kann, um den Honig nach oben in die Zarge zu tragen. Ein Drohn, der dicker ist als eine Honigbiene, oder gar die Königin, können da nicht nach oben durch.“

„Warum sollen die nicht nach oben?“, frage ich.

„Den Drohn, der sowieso nichts arbeitet, brauchen die Bienen nicht oben und die Königin soll auch nicht oben in die Zellen Eier legen. Sonst haben wir nachher Brut zwischen dem Honig und wir können die Waben nicht ausschleudern.“

Auf das Absperrgitter setzt Opa die mitgebrachte Zarge. Das ist nun der Honigraum.

In den Honigraum bringen die Bienen den Honig und lagern ihn ein. Ich schaue etwas ungläubig. „Woher sollen die Bienen wissen, dass sie den Honig genau da hinbringen sollen?“
Auch dafür hat mein Opa eine Erklärung: „Der Honigraum ist doch die oberste Zarge. Die Bienen bringen den Honig immer an die vom Flugloch am weitesten entfernte Stelle im Bienenstock. Wegen der Räuber, die an den Honig gelangen wollen.“
„Räuber? Welche Räuber?“
„Wespen, Bienen von anderen Völkern und Käfer fressen für ihr Leben gern den süßen Honig. Sie müssen dazu durch das ganze Volk hindurch, bis an das Ende der Beute und nachher wieder den gleichen Weg zurück, wobei sie dann meistens von den Bienen erwischt werden.“

Nacheinander setzen wir die Honigräume auf die Beuten und es fängt tatsächlich bereits an dunkel zu werden, als wir fertig sind.
Wenn wir das nächste Mal kommen, wollen wir sehen, wie fleißig unsere Bienen waren.

Die Honigernte

„Heute werden wir sehen, ob wir schon Honig ernten können", sagt Opa.
Die Sonne scheint, wir laden leere Kisten mit Deckel in sein Auto und fahren hinaus zu den Bienenvölkern.

Als wir bei den Bienen ankommen, sind sehr viele Bienen unterwegs. Es ist ein reges Hin und Her, fast wie auf einer Autobahn. Das ist gut. So sind viele Bienen nicht im Bienenstock und können uns keinen Ärger machen, wenn wir den Honig holen wollen.
Wir stellen hinter jeden Bienenstock eine Holzkiste mit Deckel. Dann schlüpfen wir in unsere Schutzkittel und setzen die Schleierhüte auf.
Opa öffnet die erste Bienenbeute und entnimmt die erste Honigwabe.
„Sie ist ganz schön schwer", meint er.
„Aber wo ist denn der Honig?"
Die gesamte Wabe ist verschlossen. Nichts zu sehen.
„Die Bienen verdeckeln die Waben mit einer dünnen Wachsschicht, wenn der Honig fertig ist. So kommt keine Feuchtigkeit an den Honig und er verdirbt nicht. Sind die Waben alle schön verdeckelt, ist der Honig reif für die Honigernte."
Was mein Opa nicht alles weiß.

Auf der Wabe sind aber noch viele Bienen unterwegs. Sanft streift mein Opa diese mit einem weichen Besen ab.
Ich öffne den Deckel der mitgebrachten Holzkiste und Opa stellt die Wabe schnell in die Kiste, bevor die Bienen sich wieder darauf niederlassen können. So nehmen wir Wabe für Wabe aus dem Honigraum und kontrollieren sie.
Bei zwei Waben sehen wir, dass diese noch nicht ganz verdeckelt sind. Hier ist der Honig noch nicht reif für die Honigernte. Die stellen wir wieder in den Honigraum zurück.
Nun ist der Honigraum fast leer. Wir müssen den Bienen jetzt aber wieder leere Waben in den Honigraum geben, damit sie weiterarbeiten können. Das soll ich übernehmen. Ich setze neue, leere Honigwaben in den Honigraum. Danach schließe ich den Bienenstock.

Inzwischen hat mein Opa schon die nächste Beute geöffnet und wir ernten weitere Waben. Die Bienen verhalten sich uns gegenüber sehr friedlich.
„Das liegt an dem guten Wetter. Da fliegen sie aus und bringen Nektar und Pollen in den Bie-

nenstock. Wird viel Pollen und Nektar eingebracht, haben die Stockbienen sehr viel zu tun und können sich nicht um uns kümmern", erklärt mir Opa.
Wir bringen nun unsere Honigernte nach Hause in die Imkerei.
Morgen haben wir viel Arbeit. Dann schleudern wir nämlich den Honig aus.

Honig - Was ist das und wie entsteht er?

Das frage ich Opa auf dem Weg zur Imkerei.
Er erklärt mir: „Die Bienen fliegen auf Blüten. Sie werden angelockt vom Duft, den die Pflanzen durch die Blüten abgeben. Dann schlürfen sie mit ihrer Zunge den Nektar aus dem Blütenkelch und verstauen diesen in ihrer Honigblase. So fliegen sie von Blüte zu Blüte, bis sie ihre Honigblase gefüllt haben. Dann fliegen sie zurück und übergeben den Nektar zur weiteren Bearbeitung an die Stockbienen. Der Nektar wird von Biene zu Biene weitergereicht. Wenn die Bienen den Nektar mit ihrem Rüssel übernehmen, wird dieser bei jeder Übergabe weiterver-

arbeitet und mit Enzymen angereichert. Gleichzeitig wird dem Nektar Wasser entzogen. Wenn der Wasseranteil im Honig weniger als 20 Prozent ist, wird er von den Bienen im Honigraum in die Honigwaben eingelagert und diese dann mit einem Wachsdeckel verschlossen. Jetzt ist der Honig endgültig fertig und die Wabe kann vom Imker geerntet werden."

Blütenpollen

Sammelt die Biene Nektar, bleibt an ihren Beinchen und am Körper immer Blütenstaub hängen. Das hat bestimmt jeder schon einmal gesehen. Man nennt diesen Blütenstaub „Pollen".

Wenn die Biene nun von Blüte zu Blüte fliegt, trägt sie den Pollen ebenso von Blüte zu Blüte. Auf diese Weise werden sie bestäubt und aus der Blüte kann eine Frucht wachsen, aus der dann wieder neuer Samen entsteht.

Unbestäubte Blüten tragen keine Früchte.

Da Pollen in den Blüten reichlich vorhanden ist, nehmen die Bienen

auch Pollen mit nach Hause. Um ihn zu transportieren haben sie an ihren Hinterbeinen sogenannte „Höschen".

Mit Pollen und Nektar wird die Bienenbrut gefüttert. Je nach Pflanze, die von den Bienen besucht wurde, hat der Pollen unterschiedliche Farben, an der man die Pflanzenart erkennen kann.

Heute habe ich wieder sehr viel über die Bienen gelernt.

Honig schleudern

Heute bin ich sehr früh aufgestanden und schnell zu Opa gelaufen, damit ich ja nichts verpasse. Er hat am Vorabend noch die Waben in den Schleuderraum gestellt und dort warten sie nun auf uns.
Es geht los: Opa entnimmt eine Wabe aus der Kiste und stellt sie auf das Entdeckelungsgeschirr.

Mit einer sogenannten „Entdeckelungsgabel" entfernt er nun die Wachsschicht auf den Waben. Jetzt kann ich den goldgelben Honig in den Waben sehen. Nachdem auf beiden Seiten der Wabe der Wachs entfernt ist, stellt Opa diese in die Trommel der Honigschleuder. Diese sieht ähnlich aus wie die Trommel einer Waschmaschine.
Opa entfernt nun die Wachsschicht von weiteren Waben und stellt diese ebenso in die Honigschleuder. Es passen vier Waben hinein. Dann schließt Opa den Deckel der Schleuder und schaltet einen Elektromotor ein. Langsam beginnt sich nun die Trommel zu drehen und wird immer schneller. Durch den Schwung wird der Honig aus der Wabe geschleudert und läuft an der Innenwand der Trommel nach unten.

Die Honigschleuder hat unten am Boden eine Öffnung, die mit einem Hahn verschlossen ist. Wenn man ihn öffnet, fließt der Honig heraus.

Opa öffnet nun den Hahn. Der Honig fließt und zwar ganz schön flott. Schnell halte ich meinen Finger unter die herausfließende Masse.

Ich bin ja so gespannt, wie der Honig schmeckt. Ist er auch süß genug? Lecker, ganz toll! Das ist ein tolles Gefühl, von dem Honig zu essen, bei dem ich mitgeholfen habe, ihn zu ernten.

„Der Honig aus der Schleuder fließt jetzt durch ein Doppelsieb direkt in einen Honigeimer“, erklärt Opa schmunzelnd.

„Ein Doppelsieb, was ist das? Wozu wird es gebraucht?“

„Ein Doppelsieb besteht aus zwei aufeinander gesetzten Sieben. Das obere, das erste, hat größere Öffnungen. Da werden die groben Wachsteile abgefangen. Das zweite, dass untere Sieb, hat kleinere Öffnungen, um die feinen Wachsteile zurückzuhalten. Der gesiebte Honig fließt anschließend in den Honigeimer.“

Als der ganze Honig aus den Waben geschleudert ist, hält Opa die Schleuder an und nimmt die leeren Honigwaben heraus. Er stellt gleich wieder neue entdeckelte Waben in die Schleuder und es geht wieder von vorne los, bis alle Waben ausgeschleudert sind. So füllt sich nach und nach Honigeimer um Honigeimer mit dem leckeren Honig.

„Die Eimer lassen wir noch über Nacht offen stehen und machen den Honig morgen vollends fertig“, sagt Opa.

„Was müssen wir denn an dem Honig noch fertigmachen?“, frage ich ihn.

„Es gibt im Honig noch kleine Wachsteile, die auch von dem feinen Sieb nicht aufgehalten wurden. Diese schwimmen morgen oben an der Honigoberfläche und die entnehmen wir mit einem Teigschaber“, erklärt er mir. „Dann schließen wir die Eimer und bringen sie in unser Honiglager, in dem der Honig schön kühl und trocken gelagert wird, bis wir ihn in Honiggläser abfüllen.“

Die Ernte von Waldhonig

„Morgen bringen wir einige Bienenvölker in den Wald“, sagt mein Opa, als ich mich nach diesem ereignisreichen Tag von ihm verabschiede.
„In den Wald? Was sollen die Bienen dort tun? Da gibt es doch keine Blumen! Wo sollen die da Nektar sammeln?“, frage ich ihn ganz überrascht.
„Ich erkläre dir das morgen, wenn wir in den Wald fahren.“
Da bin ich aber mal gespannt.

Als wir am nächsten Morgen zu den Bienen kommen, ist das Flugloch der einen Beute geschlossen, sodass keine Bienen aus- und einfliegen können.
Bevor ich fragen kann, erklärt mir mein Opa, dass er gestern noch am Abend bei den Bienen war und das Flugloch geschlossen hat. „Somit sind nun alle Bienen zu Hause und wir können die Bienenkiste einladen und transportieren, ohne dass uns die Bienen stören oder verloren gehen.“
Nach dem Einladen fahren wir los in den Wald.
Wir haben während der Fahrt genügend Zeit, dass mir Opa erklären kann, was wir im Wald vorhaben.

„Dass die Bienen den Nektar aus den Blüten mit ihrem Rüssel saugen, das weißt du ja schon. Im Wald an den Tannen und Fichten gibt es aber keine Blüten. Hier haben die Bienen einen Helfer, um an den süßen Saft zu kommen, nämlich Blattläuse: die Fichtenlaus und die Tannenlaus. Diese Läuse bohren die Tannenzweige an, in denen der süße Saft zu den neuen Trieben fließt, und saugen diesen auf. Den Zuckeranteil des Saftes sondern die Läuse wieder zurück auf die Tannenzweige ab. Dieser sogenannte ‚Honigtau' wird von den Bienen eingesammelt. Aber nicht nur die Bienen holen diesen Saft, sondern auch Marienkäfer und Ameisen. Da die Biene nur

einen Rüssel und keinen Bohrer hat, kann sie nur auf diesem Umweg an den Honigtau gelangen. Der Honigtau wird dann genauso im Bienenstock weiterverarbeitet wie der Nektar, bis daraus Honig entsteht. Das ist dann der schöne, dunkle Wald- und Tannenhonig. Diesen Honig gibt es nicht alle Jahre, sondern nur, wenn es auch Läuse an den Bäumen gibt. In diesem Jahr sind wieder Läuse da, deshalb bringen wir die Bienen nun in den Wald."

„Woher weißt du, dass es dieses Jahr Läuse und somit Honigtau gibt?", frage ich.

„Nun", sagt Opa, „ich war vor ein paar Tagen im Wald und habe mich umgesehen."

„Was hast du da gesehen?", frage ich. Ich bin neugierig, woran man das erkennen kann.

Inzwischen sind wir im Wald angekommen und aus dem Auto ausgestiegen. Opa läuft zu einem Busch und ruft mich zu sich.

„Schau dir mal die Blätter dieses Busches an", fordert er mich auf.

Auf den Blättern ist etwas Glänzendes zu sehen, das aussieht wie Fettflecken.

„Das ist Honigtau, der von oben aus den Bäumen heruntergetropft ist. Wenn wir das sehen, wissen wir, dass es dieses Jahr wieder Läuse gibt, die an der Arbeit sind“, erklärt er mir.

Wir laden nun die Bienenbeute ab und öffnen das Flugloch. Die Bienen kommen erst langsam, dann aber stürmisch herausgeflogen. Da gehen wir aber lieber ein paar Schritte zurück.
„Die Bienen fliegen sich nun ein“, erklärt Opa. „Jetzt lassen wir sie arbeiten und in der nächsten Woche kommen wir wieder, um zu sehen, ob wir schon Honig ernten können.“

Auf dem Heimweg erzählt er mir, dass es verschiedene Honigsorten gibt. Den Blütenhonig und den Waldhonig habe ich ja schon kennengelernt. Wenn man die Bienen zur Rapsblüte an das Rapsfeld stellt, tragen die Bienen den Nektar aus dem Raps ein. Steht eine Beute unter Lindenbäumen, dann bekommen wir den Nektar von den Linden. Der fertige Honig unterscheidet sich in der Farbe und im Geschmack. So kann man Blüten,- Raps,- Tannen,- Wald,- Linden,- Kastanien,- Akazienhonig und andere Honigsorten erhalten.

Das Bienenjahr geht zu Ende, der Winter kommt

Mit der Honigernte und der Völkerdurchsicht vergehen die Wochen wie im Flug. Es ist nun Anfang August und wir wollen heute zum letzten Mal Honig ernten. Wir fahren zu den Bienen und holen fast alle Honigrahmen nach Hause. Die Waben werden zum letzten Mal ausgeschleudert und dann kühl eingelagert.

„Nun fragst du dich bestimmt, wie die Bienen über den Winter kommen, nachdem wir so viel von ihrem Honig genommen haben", sagt Opa. „Die Bienen müssen nun von uns gefüttert werden."

Wir fahren dafür zu einem Imkerfachgeschäft. Opa lädt leere Eimer mit Deckel in unser Fahrzeug. Die Eimer sehen ja aus wie unsere Honigeimer, denke ich. Holen wir etwa Honig zum Füttern der Bienen?

Opa versteht es, mich immer wieder vor Rätsel zu stellen. Na, dann wollen wir mal sehen, was er vorhat, denke ich.
Beim Imkerfachgeschäft angekommen laden wir die leeren Eimer aus und gehen zu einem großen Silo. Dort werden unsere Eimer gefüllt mit jeweils 12,5 Kilogramm einer klaren, zähen Flüssigkeit.
„Du darfst ruhig probieren."
Ich tauche den Finger hinein und schlecke ihn ab.
„Oho, das ist ja ganz süß."
„Das ist Zuckersirup. Diesen bekommen unsere Bienen als Winternahrung zusätzlich gefüttert."

Am nächsten Tag setzen wir nun eine leere Zarge auf die einzelnen Beuten. In diese stellen wir eine Schüssel und füllen sie mit dem Sirup. Da Bienen nicht schwimmen können, geben wir ihnen in den Sirup eine Schwimmhilfe, so zum Beispiel Flaschenkorken oder Strohhalme.

Pro Volk brauchen wir 17 bis 20 Kilogramm Sirup. Die Bienen nehmen dieses Futter auf und tragen es nach unten in die Waben im Brutraum und verdeckeln es.

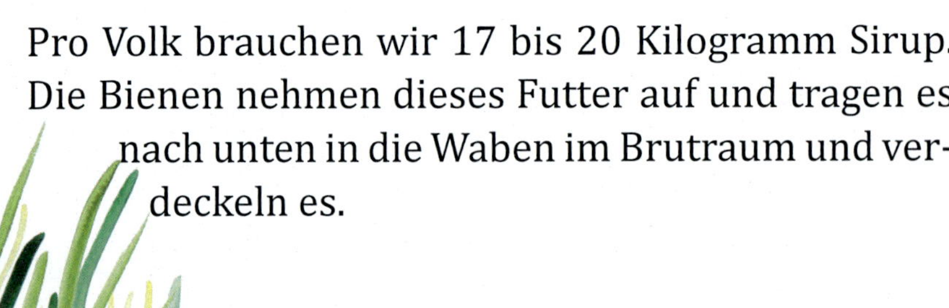

Als wir einige Tage später wieder zu den Bienen kommen, sind die Schüsseln leer und wir können die Zarge und die Schüsseln wieder mitnehmen.
Sogar die Flaschenkorken sind sauber geputzt und es klebt nichts mehr von dem Sirup daran. Wahnsinn!
„Das müsste den Bienen als Futter reichen, bis sie im nächsten Jahr wieder Nektar sammeln können", meint Opa.
Damit niemand den Bienen dieses Futter stehlen kann, kommt nun vor das Flugloch ein sogenanntes „Mäusegitter." Die Mäuse riechen nämlich den süßen Sirup und die warme Winterstube. Die Wächterbienen verbringen die kalte Jahreszeit zusammen mit dem restlichen Bienenvolk in einer Wintertraube.

Feinde könnten deshalb ungehindert eindringen und sich an den Vorräten bedienen. Durch das Mäusegitter werden sie daran gehindert.

Wenn draußen in der Natur im Winter Minustemperaturen herrschen, rücken die Bienen eng zusammen, um sich und ihre Königin warmzuhalten. Sie bilden eine Bienentraube, in der sie durch Bewegungen mit ihrem Brustmuskel, dem Flugmuskel, im Innern Wärme erzeugen.
Wenn die Außentemperaturen kurzfristig über +10 Grad ansteigen, unternehmen die Winterbienen einen Reinigungsflug, einen Toilettengang. Ihr besonderer Sinn für Reinlichkeit gestattet ihnen nicht die Bienenwohnung zu verschmutzen. Krankheitskeime könnten sich sonst dort ausbreiten.

Wie geht es nun mit Nils und den Bienen weiter?

Bei den Bienen gibt es erst mal nichts mehr zu tun. Somit hat auch der Imker Winterpause. Opa liebt aber seine Arbeit und nutzt die Zeit, indem er neue Jungimker ausbildet. In diesem Jahr wird auch Nils an dem Kurs teilnehmen. Er will imkern wie sein Opa.

Durch die Arbeit mit seinem Opa hat er in diesem Jahr schon viel gelernt. Nun soll er noch mehr Wissenswertes über die Bienen erfahren.

Expertenwissen

Die Biene

Die Biene ist ein Insekt und hat sechs Beine.
Eine Biene wiegt 0,1 Gramm und ist ca. 10-15 Millimeter groß.
Die Fluggeschwindigkeit einer Biene beträgt 24 Kilometer pro Stunde.
Die Flügel schlagen 230 mal pro Minute.
Die Biene fliegt etwa 85 Kilometer pro Tag.

Wie ist der Körper einer Biene aufgebaut?

Der Körper einer Biene besteht aus dem Kopf, der Brust und dem Hinterleib.
Am Kopf hat die Biene zwei Fühler. Mit diesen Fühlern riecht sie und tastet sie. Die Biene hat keine Ohren. Sie kann also nicht hören.
Die drei Beinpaare sitzen an dem Brustteil.
Ebenso befinden sich die zwei Flügelpaare am Rücken des Brustteils.

Die Flügelpaare bestehen jeweils aus einem Vorderflügel und einem Hinterflügel. Am Ende des Hinterleibs befindet sich in der Stachelscheide der Giftstachel. Diesen fährt die Biene zur Verteidigung aus. Er ist gewöhnlich nicht zu sehen.

Am Kopf hat die Biene links und rechts außen je ein Facettenauge, auch Netzauge genannt. Ein Facettenauge besteht aus mehreren Tausend Einzelaugen und ermöglicht der Biene eine Rundumsicht.

Auf der Stirnseite, zwischen diesen beiden Augen hat die Biene noch drei weitere Augen. Sie dienen der Lichtwahrnehmung und dem Gleichgewicht beim Flug.

Wie lange leben Bienen?

Vom Frühjahr bis zum Herbst müssen die Bienen am meisten arbeiten. Bis zum Ende des Sommers haben sie mehr als 200.000 Larven zu versorgen. Die Arbeit ist sehr anstrengend, daher lebt eine Arbeitsbiene im Sommer nur vier bis sechs Wochen. Da die Drohnen nichts arbeiten und nur gefüttert werden wollen, werden sie in einer so genannten Drohnenschlacht im August aus dem Bienenstock geworfen. Wer nicht freiwillig geht, wird abgestochen. Im Winter gibt es nur die Winterbienen und die Königin im Bienenstock. Diese Bienen leben vom Herbst bis in das Frühjahr, bis es wieder neue Bienen gibt. Sie haben nur die Aufgabe, die Königin zu versorgen, zu wärmen und über den Winter zu bringen.

Warum stechen Bienen?

Im Bienenvolk hat jedes Mitglied seine Aufgabe. Zu den Aufgaben gehört auch, den Stock bei Gefahr zu verteidigen. Um sich zu wehren, verwendet die Biene ihren Giftstachel, mit dem sie den Feind an irgendeiner Körperstelle sticht.

Sticht eine Honigbiene, stirbt sie dabei, weil der Stachel im Körper des Opfers verbleibt. (Im Unterschied zur Wespe, die mehrfach stechen kann.)
Aber stechen alle Bienen? Nein, die Drohnen haben zum Beispiel keinen Stachel. Ähnlich verhält es sich mit den Wildbienen. Wildbienen sind generell friedliche Insekten. Viele Arten haben keinen Stachel und sondern nur ätzende Flüssigkeiten ab oder wehren sich über Bisse. Daneben gibt es auch Arten, die einen Stachel besitzen, wobei dieser aber zu schwach ist, um die menschliche Haut zu durchdringen.

Wie verständigen sich die Bienen?

Es gibt verschiedene Arten der Kommunikation im Bienenvolk:
Eine frisch geschlüpfte Königin zum Beispiel „piepst" durch den Bienenstock. Ihre Konkurrentinnen, die noch nicht geschlüpft sind, antworten ihr aus ihren Brutzellen. Daraufhin findet die Königin diese Rivalinnen und sticht sie ab.
Eine Trachtbiene, die von einer neuen Futterquelle in den Stock zurückkommt, macht auf sich aufmerksam, indem sie vor den anderen Bienen einen sogenannten „Schwänzeltanz" aufführt. Sie gibt da-

bei Proben aus der gefundenen Futterquelle an ihre Schwestern ab. Damit fordert sie diese auf, ihr zu folgen.

Legeleistung der Königin

Eine Bienenkönigin legt in der Zeit von März bis Oktober täglich zwischen 1.000 und 2.000 Eier.

Steuern der Königin durch das Volk

Jede Biene besucht einmal am Tag ihre Königin, um die Pheromone von dieser aufzunehmen. Diese Duftstoffe dienen der gegenseitigen Erkennung. Die Königin ist das Oberhaupt im Bienenvolk und ohne Königin geht ein Bienenvolk zugrunde, da sie die Einzige ist, die für Nachkommen sorgen kann. Ansonsten herrscht im Volk die Bienendemokratie. Das Volk bestimmt, was im Stock vorgeht. So steuert es die Legeleistung über die Nahrungsversorgung. Kommt viel Nektar durch die Sammlerinnen herein, wird die Königin gut gefüttert, damit sie viele Eier legt, da viel Futter für die Larven verfügbar ist. Kommt wenig Nektar von draußen, wird die Königin auf Diät gesetzt, da weniger Larven versorgt werden können. Wenn das Volk meint „Wir sind zu viele Bienen und wir wollen uns teilen", werden Weiselzellen gebaut, in die die Königin Eier legt. Die Larven werden dann mit „Gelée Royale" gefüttert, damit eine neue Königin entsteht. Zwei Wochen bevor die neue Königin schlüpft und der Schwarm mit der alten Königin abfliegt, suchen die Bienenkundschafter ein neues Zuhause. In dieser Zeit wird die alte Königin nur noch wenig gefüttert, da sie sonst wegen ihres Gewichtes nicht fliegen kann.

Wer ist mit der Biene verwandt?

Die Biene gehört wie die Hummeln, Wespen und Hornissen zur Familie der Hautflügler.

Biene
Wespe
Hummel
Hornisse

Feinde der Biene

Die Bienen haben nur wenige Feinde in der Tierwelt. Da ist zum Beispiel der Bienenfresser (Meros apister), ein auffallend bunter Vogel. Er jagt Bienen und füttert damit seine Küken. Da er aber nur einzelne Bienen erwischt, gefährdet er nicht die Existenz des gesamten Bienenvolkes.

Desweiteren sind Hornissen hinter den Bienen her. Seit einiger Zeit wird im Rheintal die Ankunft der asiatischen Hornisse (Vespa Velutina) beobachtet. Sie verbreitet sich rasant in Europa. Die Hornissen fliegen vor den Fluglöchern der Bienenvölker hin und her, passen aus- und einfliegende Bienen ab und saugen diese aus. Dabei holen sie sich müde heimkehrende Bienen. Junge und gerade ausfliegende Bienen bekommen sie meistens nicht zu fassen. Als Ergebnis verlassen die Bienen den Bienenstock nicht mehr.

Auch der kleine Beutenkäfer (Aethina tumida) breitet sich bereits in Europa aus. In Italien hat er sich schon festgesetzt. Der Beutenkäfer legt seine Eier in die Waben, am liebsten in verdeckelte Brutzellen. Sobald die Larven geschlüpft sind, zerfressen diese die Waben.

Zu den gefährlichsten Feinden der Bienen weltweit zählt die Varroamilbe (Varroa destructor). Sie ist ein Parasit wie der Beutenkäfer und befällt ausgewachsene Bienen und Brut gleichermaßen. In kurzer Zeit kann sie ein Bienenvolk komplett ausrotten.

Wozu brauchen die Pflanzen die Bienen?

Die meisten Pflanzen benötigen Insekten zur Bestäubung.
Sind die Stempel und Staubgefäße einer Pflanzenblüte reif, haben sie den meisten Nektar und duften besonders intensiv. Durch diesen Duft locken sie die Bienen an. Die Bienen und alle anderen Insekten besuchen die Blüte, um den süßen Nektar aufzusaugen. Krabbelt dazu die Biene in eine Blüte, bleibt der Blütenstaub (Pollen) an ihrem Körper haften. Besucht sie nun die nächste Blüte, wird dieser Blütenstaub auf die klebrige Narbe des Blütenstempels übertragen. Das wiederholt sich beim Besuch von Blüte zu Blüte. Dadurch wird die Pflanzenblüte bestäubt und sie kann Samen bilden. Gäbe es keine Insekten, sprich keine Bienen mehr, gäbe es binnen kurzer Zeit auch keine Pflanzen mehr.

Pflanzenschutzmittel

Pflanzenschutzmittel sind Gifte, die sogenannte „Schädlinge“ vernichten sollen. Damit versuchen Bauern, ihre Ernteerträge zu sichern.
Diese Mittel werden in unterschiedliche Gruppen eingeteilt:
B1: absolut bienentödlich bis B5: bienenungefährlich.
Kommt eine Biene mit den Stoffen der bienengefährlichen Gruppen in Berührung, stirbt sie entweder sofort, oder sie verliert ihre Orientierung und findet nicht mehr in ihren Stock zurück, was ebenfalls ihren Tod bedeutet.

Wie kommt der Honig ins Glas?

Eine Trachtbiene sammelt auf einem Flug:

- 40 Mikroliter Nektar (1 Mikroliter entspricht einem Tausendstel Milliliter) und
- 20 Milligramm Pollen.
- Dazu muss sie ungefähr 300 Blüten besuchen.
- Sie erreicht ungefähr 2.500 Blüten pro Tag.
- Für 1 Kilogramm Honig müssen etwa 3 Kilogramm Nektar eingetragen werden.
- Dazu sind 100.000 Flüge auf 140.000.000 Blüten nötig.

Sind die Waben gefüllt und verdeckelt, entnimmt der Imker diese. In der Imkerei werden die Waben entdeckelt und ausgeschleudert. Der Honig fließt durch Siebe in bereitgestellte Eimer oder direkt in Gläser. Die Gläser werden verkaufsfähig gestaltet und vermarktet. So kann man den Honig beim Imker selbst, auf dem Markt oder im Geschäft kaufen.

Was ist Propolis?

Propolis ist ein natürliches Antibiotikum.
Die Bienen halten mit Propolis ihren Bienenstock frei von Viren und Bakterien. Propolis wird von den

Bienen an den Knospen von Pflanzen aufgenommen. Die Pflanzen produzieren diesen klebrigen Stoff zum Schutz ihrer Knospen. Die Bienen transportieren ihn in ihren Pollenhöschen zum Bienenstock. Dort wird er von den Arbeiterinnen zur Desinfektion im gesamten Bienenstock weiterverarbeitet.

Verwendung von Honig

Honig kann man auf vielfältige Art und Weise verwenden: Man kann ihn auf dem Brot essen, zum Süßen als Ersatz von Zucker verwenden, Speisen verfeinern, zur Hautpflege einsetzen, in den Prosecco geben und natürlich auch einfach so löffeln.
Doch Vorsicht: Honig sollte man nicht über 40 Grad erhitzen.

Warum sind Bienenwaben sechseckig?

Darüber haben sich lange Zeit Experten ihre Gedanken gemacht, doch es ist relativ einfach und logisch. Durch die sechseckige Bauform gibt es zwischen den einzelnen Zellen kei-

ne Zwischenräume. Dadurch wird eine optimale Raumausnutzung erreicht. Zudem wird Baumaterial gespart. Die Zellen der einen Wabenseite sind zu den Zellen der anderen Wabenseite seitlich um eine halbe Wabenbreite verschoben. Dadurch wird eine große Wabenstabilität erreicht.

Rahmen und Waben

In der Natur bauen die Bienen in für sie geeigneten Wohnraum ihre Waben. In der Imkerei werden die Bienenvölker in den sogenannten Beuten gehalten. In diesen Beuten stellt der Imker den Bienen Leerrähmchen zur Verfügung. Ein Leerrähmchen besteht aus vier Holzleisten, die an den vier Ecken zusammengefügt sind. Diese Rähmchen werden in die Zarge der Beute eingehängt. In jede Zarge so viele Rähmchen, bis diese gefüllt ist. Nun beginnen die Bienen mit dem Wabenbau.
Hält man das ausgebaute Rähmchen gegen das Licht, kann man in jeder Wabe eine Art Stern sehen, ebenso auf der Rückseite. Es werden nur 50 Gramm Wachs pro Wabe verbaut. Die Bienen lagern darin bis zu 2,5 Kilogramm Honig.

Wie entsteht das Wachs?

Um Wachs herzustellen benutzt eine Biene ihre Wachsdrüsen. Diese Wachsdrüsen sind vom 11. bis zum 18. Lebenstag voll entwickelt und aktiv. Aus diesen Drüsen am Hinterleib schwitzt sie kleine Wachsplättchen aus. Daraus bauen die Bienen dann die Waben. Das ganze Bauwerk ist statisch so stabil, dass wir Menschen diese Technik auch übernommen haben, zum Beispiel in den Flügeln der Flugzeuge: geringes Gewicht, wenig Material und höchste Stabilität.

Wo bekomme ich zusätzliche Fragen gerne beantwortet?

Auf der Homepage des Landesverbandes Württembergischer Imker: www.lvwi.de
und auch bei jedem Imker in Wohnortnähe.
Findet man einen Schwarm, ruft man am besten gleich bei der Polizei an. Die Polizei informiert dann den nächsten Imker.
Bei Hornissen und Wespen hilft gerne der Imkerverein in der Nähe mit geschulten Fachleuten. Hornissen stehen nämlich unter Naturschutz.
Sie dürfen nicht einfach entfernt werden.